AF224082

QUELQUES OBSERVATIONS

SUR LES

PROJETS DE RÉFORME DE NOTRE LÉGISLATION

EN MATIÈRE DE FAILLITE.

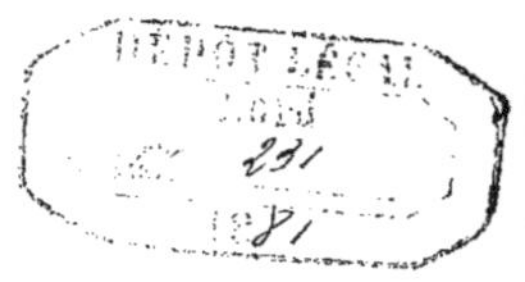

QUELQUES OBSERVATIONS

SUR LES

PROJETS DE RÉFORME DE NOTRE LÉGISLATION

EN MATIÈRE DE FAILLITE

Par H. LABBE-ROUSELLE.

Un écrivain étranger rappelait dernièrement, en parlant de la loi de 1838 sur les faillites, les réflexions que cette loi inspirait à M. Renouard, l'un de ses appréciateurs les plus compétents.

« Le régime des faillites, disait cet éminent jurisconsulte, était imparfait sous l'ordonnance de 1673 ; il l'était sous le code de 1807, il le sera sous la loi de 1838 et surtout il sera accusé de l'être. Ni les enseignements de la pratique la plus expérimentée, ni les ressources de l'esprit le plus délié, ni les combinaisons de la prévoyance la plus sagace ne supprimeront jamais, en cette matière, les difficultés qui tiennent à sa nature et qui mêlent leurs inévitables inconvénients à toutes les imperfections du législateur. Tout le monde perd dans une faillite ; la sagesse consiste non à empêcher les sacrifices forcés, mais à les mesurer et à les coordonner.

» Or, on impute facilement à la loi les maux qui déri-vent de la nécessité à laquelle la loi doit obéir, et, comme dans aucun temps ou dans aucun pays du monde, une loi n'empêchera qu'une faillite ne soit une fort mauvaise affaire, il est à présumer que partout et toujours on se plaindra de la législation sur les faillites. »

C'est que la faillite, dans ses effets, dans ses opérations, produit des complications qu'il n'est pas toujours aisé de suivre et surtout d'apprécier avec une impartialité entière lorsqu'on se place au point de vue du créancier, c'est qu'elle soulève un problème de solution bien simple en apparence, mais des plus difficiles dans la réalité : la conciliation des intérêts respectifs du créancier et du débiteur.

Les anciennes institutions consulaires étaient très sévères pour les fautes du débiteur ; de ses intérêts elles faisaient rarement mention, et la nouvelle législation a marqué, en ce dernier point, comme en beaucoup d'autres, un sensible progrès. Cependant on ne saurait dire que la loi de 1838, bien qu'amendée à plusieurs reprises, se soit maintenue au niveau des besoins créés par le mouvement industriel et qu'elle n'ait pas conservé quelques lacunes, quelques défauts réels. Mais faut-il pour y porter remède bouleverser le système de 1838 : tenter d'arriver immédiatement à la liquidation judiciaire, c'est-à-dire au concordat amiable ou au concordat préventif, comme on l'a nommé dans une publication récente ; faut-il supprimer la qualification de failli et les incapacités qui en résultent, définir la cessation de paiements de manière à ne plus en laisser au juge l'appréciation souveraine ? Faut-il s'inspirer des idées qui ont cours à l'étranger : interdire la déclaration d'office, aller jusqu'à faire admettre la faillite du non commerçant, du débiteur qui n'a pas fait acte de

commerce. enfin adopter les principales propositions émises
depuis quelque temps sur ce grave sujet ? Ou n'est-il pas
préférable, en respectant les principes de notre législation
actuelle et la presque totalité de ses dispositions, de modi-
fier seulement un petit nombre de ces dernières, suivant
les strictes nécessités que l'expérience et les nouveaux
besoins ont révélées ?

C'est ce que je me propose d'examiner successivement.
Si je commets quelques erreurs d'appréciation ou autres
en traitant un sujet aussi ardu et sur lequel il est difficile
de dire toute sa pensée sans risquer de se tromper quelquefois, j'espère qu'on voudra bien me rectifier.

I.

Les principaux inconvénients attribués au régime actuel
ont été bien souvent signalés, ils peuvent, je crois, se résu-
mer ainsi qu'il suit :

La loi ne sauvegarde pas suffisammunt les intérêts du
débiteur malheureux et de bonne foi ;

Elle n'a pas toute l'efficacité nécessaire pour « substituer
aux arrangements clandestins trop souvent préjudiciables
a x intérêts des créanciers le régime légal. »

Ni pour restreindre le nombre des clôtures de faillites
pour insuffisance d'actif.

Elle fait que les frais de faillites sont parfois excessifs,
que la liquidation est sujette à des lenteurs nuisibles aux
intérêts des créanciers et aussi aux intérêts du débiteur.

On est généralement d'accord sur ce point, qu'il faut
trouver un remède à la fatalité qui frappe le commerçant

insolvable alors qu'il n'a commis aucune faute contre la prudence et la loyauté.

Déjà, en 1869, le président d'un important Tribunal de commerce de notre pays disait à ce sujet : « la loi ce me semble devrait distinguer le cas de mauvaise foi de celui du malheur.. » — Dans les années suivantes, d'autres magistrats consulaires exprimaient des idées du même genre, Enfin on ajoutait que notre loi avait des rigueurs qu'il fallait tempérer dans les moments de crise, ce que démontraient surabondamment les mesures prises en 1848, 1870, 1871, à l'effet d'atténuer les conséquences des cessations de paiements.

J'ai aussi, dans un petit travail remontant à 1875, rappelé combien est dangereuse la position du commerçant en temps de crise, et même parfois en temps ordinaire, lorsqu'il est sous le coup de la déclaration de faillite et des conséquences qu'elle entraîne, telles que le déssaisissement du failli dans ce qui est de l'administration de ses biens, la critique de sa gestion, l'interruption probable du cours de ses opérations commerciales; puis la demande de concordat, et, en cas de refus, l'union des créanciers pour la réalisation et le partage de l'actif; enfin le jugement de clôture et celui sur l'excusabilité, sans parler de l'incarcération ordonnée par certains tribunaux : toutes épreuves que les circonstances imposeront peut-être au commerçant simplement malheureux, comme au commerçant coupable de désordre ou d'imprudence manifeste, et que nous voudrions épargner au premier.

Un autre point sur lequel il paraît y avoir également ment accord : c'est que la loi est impuissante à empêcher les arrangements préjudiciables à la masse et à retenir le commerçant obéré quand il fait un tel abus du crédit qu'il faudra clôturer sa faillite pour insuffisance d'actif, peu de temps après qu'elle aura été ouverte.

L'exposé des motifs qui précède le projet de loi sur les concordats amiables, présenté le 3 Avril 1879, a dit : « Les efforts que font les commerçants embarrassés dans leurs affaires ou pour retarder la faillite ou pour y échapper, s'expliquent par les conséquences rigoureuses de la cessation de paiements. » Nous verrons bientôt ce qu'il faut penser de l'explication, pour le moment c'est la tendance à retarder la faillite que je désire faire remarquer.

Mais ce n'est pas seulement chez nous que les insuffisances de la loi ont provoqué des critiques ; je trouve dans un rapport adressé au congrès international de Bruxelles, par M. Léon Humblet, les passages suivants qui ont trait à notre sujet. J'aurai souvent recours à ce travail rempli d'observations intéressantes et dans lesquelles ceux qui ont suivi de près les liquidations, retrouveront bien des fois leurs propres pensées.

» Pour que les résultats attendus de la faillite soient obtenus, dit M. Humblet, il est indispensable qu'elle soit déclarée en temps utile....

» Lorsque la loi *belge* de 1851 fut votée, ce point appela encore l'attention des auteurs du projet... On comprit la nécessité de décrèter de nouvelles mesures pour hâter l'aveu de la cessation de paiements.

M. Humblet ajoute: les articles 467 et 574 de la loi disposent, que le failli qui n'a pas fait son aveu dans les trois jours doit être déposé dans la maison d'arrêt pour dettes et peut être condamné du chef de banqueroute simple. Le but poursuivi avec cette insistance par le législateur a-t-il été atteint ?

— Hélas ! non.

» Comment les choses se passent-elles aujourd'hui ? Quand un négociant à bout de ressources a épuisé tous les moyens de prolonger son agonie, il se décide à réunir ses créanciers. Il leur expose sa situation d'une manière sincère ou non, mais toujours inexacte, parce qu'il ne la connaît pas lui-même et que même de bonne foi il se crée des illusions.

» Il représente que la faillite entraînerait une dépréciation considérable de toutes les valeurs composant son avoir ; à l'en croire, il serait seul en état de diriger une liquidation avantageuse, il agite la menace de prétendues revendications à exercer par sa femme ou par quelques autres parents qui renonceraient à leurs droits si la faillite n'était pas déclarée. Il est appuyé par quelques créanciers intéressés, peut-être, à écarter l'action de la justice. D'autres, par faiblesse ou par bienveillance, acquiescent aux propositions. L'arrangement est conclu ; il est procédé à la liquidation... — et un beau jour les créanciers sont prévenus que les frais de liquidation ont absorbé tout l'actif ou à peu près. On distribue un dividende dérisoire et parfois on ne donne rien... —

D'autres fois les négociations traînent en longueur et n'aboutissent point. La faillite est alors déclarée, mais dans l'intervalle le passif s'est accru, le plus clair de l'actif a disparu dépensé en frais de tous genres... —

» Il se présente aussi des cas où l'intérêt des créanciers eux-mêmes demande que le débiteur soit maintenu à la tête de ses affaires. Sa loyauté, son intelligence, son activité inspirent une légitime confiance. Il y a lieu d'espérer que, continuant l'exploitation de son industrie, il sera un jour à même de payer toutes ses dettes. »

Une aptitude si favorable aux intérêts des créanciers ne sera pas toujours facile à discerner dans le premier moment. Quoi qu'il en soit, les critiques qui portent sur le point relatif aux arrangements onéreux et à l'épuisement de l'actif, comme sur le point précédent, paraissent bien fondées.

Mais en est-il de même de celles ayant pour objet les

frais de liquidation et les pertes de temps que cette liquidation amène?

Je vais encore transcrire des extraits du rapport de M. Humblet qui nous répondront avec l'autorité puisée par l'auteur dans la connaissance pratique des affaires de faillite :

« Quant aux lenteurs et aux frais qui suscitent tant de récriminations, on perd de vue que la liquidation d'une faillite comporte une foule de travaux et d'actes de tous genres. Il s'agit d'apurer des comptes ordinairement très compliqués et très mal tenus. Le curateur — le syndic — doit se débattre contre les prétentions souvent exagérées et parfois peu honnêtes des créanciers. Dans les derniers temps de son existence commerciale, pour prolonger son agonie, le négociant insolvable se livre aux opérations les plus complexes et les plus bizarres, quand elles ne sont pas irrégulières ou frauduleuses. Et dans ce dédale, le curateur n'a que bien peu d'aide à attendre du failli qui s'y perd lui-même.

» Ajoutez à cela que, parmi les débiteurs d'une faillite, il s'en trouve habituellement bon nombre de peu solvables auxquels il faut accorder des délais pour se libérer...—d'autre part, si la réalisation des divers éléments d'un actif parfois considérable doit s'opérer avec activité, il convient cependant d'éviter une précipitation intempestive qui serait préjudiciable à la masse. Enfin, presque toujours, le curateur doit soutenir d'importants procès de toute nature devant les différents degrés de juridiction... —

» Que l'on examine soigneusement les comptes de quelques faillites, et l'on constatera que les frais de faillite proprement dits, ne représentent qu'une petite partie des dépenses. Ce qui coûte le plus cher, ce sont les frais de voyage, de correspondance, de publicité pour les ventes, les dépens des procès, la location et l'entretien des magasins, les droits d'entrepôt, les salaires d'un personnel subalterne ; en un mot les frais généraux inhérants à toute entreprise.

» Les frais d'ailleurs sont probants :

» Quiconque a été mêlé aux affaires sait qu'une liquidation commerciale, même faite dans les meilleures conditions, soit après le décès du négociant, soit à la suite d'une dissolution de société, dure plus longtemps et occasionne plus de frais que la gestion d'une faillite. Et ici, nous ne parlons pas de cette plaie du commerce, des liquidations prétendûment amiables des affaires des insolvables, faites sans l'intervention de la justice, sans contrôle aucun au profit des débiteurs ou de quelques-uns des créanciers et au détriment de la masse... » —

On voudrait pouvoir reproduire toute cette argumentation qui, presque toujours, s'adresse autant à l'administration judiciaire de la France qu'à celle de la Belgique. Je renverrai, du reste, pour plus ample renseignement, au travail lui-même, intitulé : *Rapport sur la révision de la législation des faillites*, par M. Léon Humblet, avocat à la Cour d'appel de Liège, Bruxelles, 1880.

Avant d'aborder les mesures proposées pour la réforme du régime actuel, il était nécessaire d'exposer les principaux griefs qui les ont motivées, et de séparer ceux généralement admis de ceux qu'on a contestés. Nous allons voir maintenant ce que sont ces mesures et si elles doivent donner les avantages qu'on en fait espérer.

II

Les auteurs du projet de loi présenté le 3 avril 1879 à la Chambre des députés, n'ont pas cherché leurs éléments de réforme en dehors du système des arrangements judiciaires. Eviter autant que possible la déclaration de faillite, n'y arriver que lorsque l'insuccès des tentatives d'arrangement, de concordat amiable, a été judiciairement constaté ; pour cela, donner d'une part au commerçant embarrassé dans ses affaires les moyens de contracter une transaction avec ses créanciers à l'avantage commun ; d'autre part, entourer le concordat de garanties solides : tel paraît être le véritable dessein des auteurs du projet. Dans la pratique, ils prescrivent l'accomplissement des opérations sous la surveillance d'un membre du tribunal de commerce, avec le concours d'un liquidateur chargé d'assister le débiteur et de procéder avec lui à la rédaction du bilan ; ils prescrivent en même temps le contrôle de ces opérations par deux créanciers pour achever le tout à bref délai et dans des conditions déterminées, dont la plus notable est la réduction du chiffre de la majorité en sommes appelée à prononcer sur le concordat. Aujourd'hui, cette majorité doit se composer des créanciers non privilégiés compris au passif pour les trois quarts de la dette totale, vérifiée et affirmée. Dans les conditions du projet, elle ne se composerait plus que des représentants des deux tiers de cette même dette.

Un résultat analogue a aussi été recherché par un autre projet soumis dans le courant de l'année dernière au Congrès de Bruxelles, il s'agit toujours de l'arrangement entre débiteurs et créanciers constaté par justice : cet arrangement, désigné en Belgique sous le titre de concordat préventif, diffère cependant du concordat amiable en quelques points et notamment en ce qu'il porte la majorité en sommes aux cinq sixièmes du passif et celle en nombre, aux trois quarts des créanciers.

Je n'insisterai pas davantage sur ces combinaisons, très ingénieuses d'ailleurs, parce que, de même que toutes celles qui placent le concordat au début des opérations, elles me paraissent pécher par la base en supposant acquise une condition extrêmement difficile à remplir : la confection d'un bilan à peu près exact à un moment rapproché de la cessation de paiements ou même de l'aveu des embarras du débiteur.

Sans doute, lorsqu'on a sous la main tous ceux qui sont en rapports avec ce débiteur, lorsque tous ses créanciers sont connus, lorsqu'en même temps la valeur de l'actif — créances, mobilier industriel, marchandises, portefeuille, propriétés — peut être promptement apprécié, il est bien facile de dresser ce bilan qui doit éclairer la situation et permettre de voter en connaissance de cause sur les propositions de concordat. Mais ce concours de circonstances favorables se présentera-t-il fréquemment. Est-ce qu'il ne sera pas plutôt une rare exception et que le plus souvent nous n'aurons pas affaire ou à une masse créancière disséminée dans tout le pays, avec laquelle il faudra discuter des comptes, à un actif composé de nombreuses créances plus ou moins douteuses, de propriétés, d'usines grevées d'hypothèques, de marchandises préparées ou en préparation ; le tout d'une réalisation difficile, et Dieu sait combien il y a d'actifs de cette sorte. Ou bien n'aurons-nous pas affaire aux créanciers et débiteurs d'un petit commerçant, débitant de boissons ou autres menus objets, dont la comptabilité sera incomplète ou nulle, et qu'il faudra péniblement rétablir?

S'il en est ainsi, comment ferons-nous pour chiffrer un bilan méritant quelque confiance dans le court espace de temps imposé par la force des choses à l'arrangement judiciaire.

Il est à remarquer que tout d'abord on aura dû constater la loyauté du débiteur, condition exigée pour l'obtention des faveurs de la loi, et que pour le faire, il aura fallu se livrer à bien des recherches et prendre cette fois encore beaucoup plus de temps qu'il n'en peut être accordé : ceci est si vrai que dans l'organisation actuelle, les syndics définitifs qui doivent déposer un rapport sur les caractères de la faillite dans les quinze jours de leur entrée en fonctions, sont souvent obligés de demander des délais pour compléter leurs informations.

C'est donc toujours le même inconvénient qui revient forcément, c'est-à-dire le manque de temps pour rassembler tous les éléments de l'acte qui doit être conclu.

Pour nous rendre compte des conséquences de cet acte, supposons un instant que les représentants de la masse créancière, promptement réunis, se croient suffisamment renseignés sur les agissements et la position de leur débiteur, et lui accordent le bénéfice d'un concordat bientôt sanctionné par l'homologation définitive. Tout paraît terminé à la satisfaction générale, lorsqu'un peu après on apprend que plusieurs créances importantes ont été omises au passif, les unes par suite d'erreurs, les autres parce qu'elles procèdent de droits restés inconnus au moment de l'arrangement : ceux par exemple résultant de la rentrée de grosses valeurs impayées ou de la perte d'importants procès. Voilà donc une affaire qui aura changé de face depuis le concordat, et qui, de médiocrement préjudiciable qu'elle était, sera devenue tout à fait mauvaise.

A la vérité, une situation inverse pourra se présenter : il est possible que l'étude de l'affaire bien dirigée révèle l'irrégularité de certains actes et permette d'en obtenir l'annulation : des paiements ont été effectués pendant la période critique au profit de certains créanciers qui avaient connaissance de la situation ; des emprunts sur gages accusant des chiffres très élevés ont été mal constitués. D'autres causes encore peuvent agir de manière à faire rentrer des sommes considérables. Cependant, de pareilles circonstances sont tellement heureuses pour les créanciers qu'ils n'auront qu'à s'en féliciter. Oui, certainement, s'ils ont accordé le concordat par abandon d'actif, mais s'ils ont accordé le concordat à dividende fixe, qui est dans le vœu de la loi projetée,—celui qui tend à remettre à bref délai le commerçant à la tête de ses anciennes affaires, — s'ils ont calculé le dividende sur ce que la liquidation promettait dès l'abord, ils auront conclu un détestable marché ; car les valeurs que devait faire rentrer l'exercice de droits légitimes, seront perdues pour eux. Avec le concordat à dividende fixe, il est donc plus que probable que les intérêts soit du débiteur, soit du créancier auront à souffrir ; ceux du débiteur, si le chiffre du passif vient à s'accroître, et l'on se demande alors comment il pourra payer le dividende promis ; ceux du créancier, si c'est au contraire l'actif qui se grossit du montant des rapports. Dans tous les cas, qu'il s'agisse de dividende fixe ou d'abandon d'actif, les nouveaux créanciers que la liquidation aura fait surgir, les plus importants à beaucoup près peut-être, auront été condamnés sans être entendus à faire le sacrifice d'une partie de leur propriété !

C'est déjà une chose excessive que la faculté conférée

par la loi à une majorité de faire réduire la créance de tous ;
on ne saurait donc l'entourer de trop de garanties.

Au reste rien ne montre mieux, selon moi, combien
ce sujet délicat a soulevé de préoccupations que les dispositions si diverses dont il a été l'objet dans les
différentes législations du monde commercial : En Angleterre, suivant l'acte de 1869, ceux-là seulement qui
ont donné un vote favorable à la décision adoptant la
liquidation par voie d'arrangement sont engagés — voir
sections 125 à 127. — Ailleurs, les majorités relatives au
concordat engagent ordinairement toute la masse; en
France, la majorité qui décide se compose, comme nous
l'avons vu, de moitié plus un en nombre des créanciers
représentant les trois quarts de la somme totale du passif
chirographaire vérifié et affirmé; en Hollande, elle est
des deux tiers en nombre et des trois quarts en sommes
ou réciproquement des trois quarts en nombre et des deux
tiers en sommes; il en est de même en Portugal; l'Es-
pagne exige la majorité en nombre et trois cinquièmes en
sommes. Sans pousser plus loin l'explication je finirai par
l'Allemagne qui impose la majorité en nombre des créanciers présents et celle des trois quarts en sommes des
créanciers qui ont le droit de voter.

Relativement aux créanciers non représentés dont je
parlais tout-à-l'heure, on pourra objecter qu'aux termes
du code actuel, il est permis de passer à la formation du
concordat sans attendre l'expiration des délais accordés
à ceux résidant hors de France, et que pour les créances
litigieuses, les tribunaux sont autorisés à en fixer provi-
soirement le montant afin de leur laisser la possibilité
de figurer au concordat.

A cela il y a lieu de répondre que lorsque le concordat
est placé après la vérification et l'affirmation des créances,

suivant le mode pratiqué chez nous, il est toujours ou presque toujours possible aux créanciers étrangers de se faire comprendre dans le passif reconnu, et que pour ce qui concerne les créances litigieuses, les facultés accordées à la justice sont souvent illusoires ; car celle-ci ne peut préjuger de l'issue des contestations de la nature de celles indiquées plus haut.

Les auteurs du projet belge soucieux, selon toute apparence, des droits et des intérêts du créancier absent ou empêché, ont voulu y donner satisfaction en élevant à la proportion des cinq sixièmes du passif la majorité requise pour la formation du concordat préventif. Il est permis de douter que cette grosse fraction soit fréquemment atteinte. Dans l'affirmative, du reste, l'élévation du chiffre ne ferait que diminuer la difficulté sans la résoudre ; car dans certains cas, comme ceux signalés ci-dessus, le montant du passif peut s'aggraver à tel point que le chiffre de cinq sixièmes n'en représentent plus qu'une part tout à fait insuffisante.

En définitive, bien peu de pays ont admis des dispositions légales relatives au concordat amiable, — Humblet, — et cela prouve « combien il est difficile d'organiser ce concordat d'une manière sérieuse et convenable. »

Les moyens proposés pour aider à la conclusion des concordats amiables et préventifs auront-ils, comme on l'espère le privilège de provoquer des aveux d'insolvabilité, d'amener le commerçant à se confier à la justice dès le commencement de ses embarras financiers ?

Ce serait à mon avis, se faire une fâcheuse illusion que de le croire. Le commerçant à bout de ressources prolonge autant qu'il le peut sa vie commerciale, l'auteur plusieurs fois cité nous l'a expliqué d'une manière saisissante. Cela semble être un besoin irrésistible du débiteur poursuivi par des demandes d'argent; un moment de répit est pour lui chose précieuse, même pour celui qui ne fait pas de négoce et ne peut être mis en faillite.

Cependant plusieurs codes admettent des instructions préalables ou des tentatives d'arrangement amiable : ainsi ceux de l'Autriche, de la Suède, de la Louisiane. Il est difficile de se rendre compte des effets produits par des dispositions de cette sorte dans les pays où elles ont cours et chez des populations qui diffèrent tant des nôtres par les habitudes et l'esprit commercial. Tout ce qu'on peut dire, c'est que chez nous l'épreuve des arrangements judiciaires ou plutôt des concordats amiables a été faite dans les années calamiteuses de 1870-1871, et que les résultats n'en ont point été concluants. Il serait bien intéressant de savoir combien parmi les commerçants français à bout de ressources, il en est qui ont profité des dispositions leur permettant de conserver l'administration de leurs affaires concurremment avec le syndic. Je n'ai pas idée de ce qui s'est passé ailleurs, mais ici, à ma connaissance, il n'y en a eu qu'un seul.

Je ne sais si j'ai réussi à démontrer que la formation d'un bilan sérieux ne peut, dans la généralité des cas, être opérée que vers la fin de la liquidation, et pour faire partager entièrement ma manière de voir à cet égard. J'ajouterai que cette opinion n'est pas la mienne seulement, qu'elle a déjà été exprimée plusieurs fois et que l'on en trouve des traces dans le rapport sur le projet Ducuing, présenté en 1872.

L'intérêt du débiteur, un peu négligé pendant longtemps par le législateur, a encore trouvé de chaleureux défenseurs dans les comités qui se sont occupés de la question des faillites. L'un d'eux a demandé que l'état de cessation de paiements prononcée par justice fût substitué à la déclaration de faillite, que la déclaration de cessation de paiements ne pût être prononcée d'office par le tribunal de commerce, mais seulement sur la demande du débiteur ou de l'un de ses créanciers et dans les cas suivants :

1° Lorsque le débiteur, fera lui-même au greffe du Tribunal de Commerce du lieu de son domicile, la déclaration qu'il a cessé ses paiements;

2° Lorsque des actes d'exécution, autres que les actes purement conservatoires, auront été faits sur ses biens mobiliers ou immobiliers; et cela sans distinguer si les poursuites sont exercées pour une dette commerciale proprement dite ou une dette purement civile ;

3° Lorsqu'il aura été rendu contre lui un jugement validant une saisie-arrêt pratiquée entre les mains d'un de ses débiteurs, et que ce jugement aura été suivi d'oppositions de la part d'autres créanciers ;

4° Lorsque sur une assignation en paiement d'un effet de commerce protesté, il aura demandé un délai de grâce, et qu'un jugement portant condamnation au paiement aura été rendu contre lui à l'expiration de ce délai;

5° Lorsqu'il aura fait en justice l'aveu de son insolvabilité ou de son état de cessation de paiements ;

6° Lorsqu'il sera en fuite.

Que la faillite soit appelée désormais cessation de paiements, je n'y vois pas grand mal pourvu que l'état de cessation de paiements n'infirme pas le dessaississement ni les autres obligations imposées au failli par la loi de 1838.

Le contraire ne saurait être admis, ce me semble, sans causer des perturbations dangereuses, dans les affaires.

« Le débiteur saisi devient incapable de disposer de ses biens. Or la faillite est une saisie en masse qui produit les mêmes effets à l'égard de tout l'actif.

« Il serait tout-à-fait bizarre et souverainement injuste qu'après le jugement déclaratif, le failli pût recevoir des paiements, aliéner ses meubles, ses immeubles, recueillir des successions ou des legs qui échapperaient aux créanciers désarmés et dépourvus de toute action individuelle contre lui ....» — Ce que M. Humblet exprime en ces termes s'applique encore, il va sans dire, tout autant à l'état de cessation de paiements qu'à l'état de faillite. Quant aux conditions prescrites pour la déclaration du premier de ces états, elles présentent, à mon avis, beaucoup moins de garantie que celles si largement comprises du régime auquel on veut les substituer. A voir les précautions minutieuses qu'elles renferment, il semblerait vraiment que les membres des tribunaux prononcent bien légèrement les déclarations de faillites soit d'office, soit sur la demande des intéressés.

Où a-t-on dit qu'il en fût ainsi? Pour ma part, j'ai toujours vu qu'avant de prendre une décision de cette importance, le tribunal s'assurait avec un soin scrupuleux de l'utilité et de la nécessité qu'il y avait à le faire.

En précisant les cas dans lesquels la cessation de paiements doit être déclarée, le comité courre le risque de ne pas les prévoir tous; et il suffit, pour s'en convaincre de parcourir les conditions dans lesquelles il veut les restreindre; en refusant au juge la faculté de la déclaration d'office, le comité s'expose à faire quelquefois aboutir à un désastre une situation qui offrait encore bien des ressources.

La déclaration d'office, « c'est une précaution que la loi » prend et contre les faillis, qui, n'importe pour quel

» motif, prolongent leur agonie au détriment de tout ou
» partie de leurs créanciers, et contre les créanciers eux-
» mêmes qui souvent les uns dans des vues intéressées, les
» autres par négligence ou par ignorance s'abstiennent de
» provoquer la déclaration de faillite. » Cette opinion d'un
membre des chambres belges, que je trouve rapportée
dans l'ouvrage de M. Humblet, vient trop à l'appui de ma
thèse pour que je me dispense d'en faire mention.

Enfin ne vaut-il pas mieux laisser aux appréciations des
tribunaux les formes si diverses sous lesquelles la cessation
de paiements peut se produire que d'aller chercher dans
les codes étrangers, ce mieux qui est proverbialement
l'ennemi du bien, et s'en tenir aux principes de la loi
française, dont on disait naguére qu'elle avait reçu le plus
flatteur des hommages, celui d'être devenue la loi de
plusieurs pays étrangers.

Ce n'est pas à dire, pourtant, qu'il faille repousser de
parti pris tout enseignement venant du dehors, quand
même il serait en opposition avec d'anciennes habitudes,
comme celui que nous allons trouver dans la faillite du
non commerçant. Parmi les nations qui sont à la tête du
commerce et de l'industrie, la France et la Belgique restent
pour ainsi dire les seules qui n'aient point admis la faillite
de cette catégorie d'insolvables «..., en Autriche, en Allemagne, en Suéde, en Angleterre on applique la faillite aux
non commerçants.... » — Humblet. Aussi le congrès
réuni au Trocadéro en 1878, avait-il, à ce qu'on dit au
moins, proposé de suivre cet exemple. Je n'ai pas connu
les motifs sur lesquels s'appuyait la proposition, mais il
en est certainement plusieurs qu'on pouvait invoquer avec
raison. En effet, on sait à combien de difficultés donne
naissance, ce que les gens d'affaires désignent sous le nom
de déconfiture; on sait quelles garanties elle laisse au

créancier impunément bravé quelquefois, par un débiteur en possession de ces valeurs immobilières qu'il est si facile de soustraire à l'action légale. Il faut dire, en outre, que depuis l'organisation des grandes entreprises de chemins de fer et autres en sociétés commerciales, et la dispersion des valeurs qui s'y rattachent dans toutes les mains ; depuis la vulgarisation des lettres de change, des billets à ordre, beaucoup de personnes en employant ces instruments commerciaux, font virtuellement des actes de commerce, et qu'il semble naturel de les astreindre à la loi commerciale, qui n'est, au reste, ni la moins conciliante, ni la moins expéditive de toutes.

Ces observations ont leur valeur, il faut le reconnaître, néanmoins elles touchent à des questions qui sont plutôt de droit commun que de droit consulaire, et qu'on ne devrait dès lors discuter qu'après une sorte d'enquête à laquelle seraient appelés les intéressés. Qu'un insolvable, propriétaire, magistrat, membre du clergé ou autre non trafiquant de profession, puisse être déclaré en état de cessation de de paiements sans avoir accompli l'acte caracté-ristique de commerce : c'est là un sujet de réflexion fort grave et sur lequel l'exemple des nations qui sont entrées dans cette voie peut fournir d'utiles renseignements. Pour nous, je ne crois pas que la question soit mûre, quant à présent et qu'elle puisse être décidée avant la fin d'une étude approfondie.

Une autre question qui me paraît se trouver dans la même période d'examen, est celle relative à la faillite ou cessation de paiements « considérée au point de vue international. » — Lorsque le débiteur, dit M. Humblet, possède des biens dans différents pays, y a-t-il lieu de déclarer autant de faillites qui seraient gérées et liquidées séparément dans chacun de ces pays ? Une seule faillite, au contraire doit elle être prononcée ? Quel est le tribunal compétent ? La faillite produit-elle ses effets en dehors du pays où elle a été déclarée, l'incapacité du failli le suit-elle en tout lieu et le curateur a-t-il qualité pour agir à l'étranger ? En d'autres mots et pour employer la terminologie judiciaire, la faillite est-elle une quant à son siége, universelle quant à ses effets ?.... » Bien que le sujet sorte du cadre que je me suis imposé, il m'a paru utile d'y appeler l'attention, maintenant surtout que nous sommes en présence de la loi allemande, accordant à ses nationaux des privilèges qu'elle refuse aux étrangers.

J'ai suivi les différentes propositions relatives à l'arrangement judiciaire avec tout le soin qu'elles méritent, et aussi avec le vif désir d'y trouver le remède destiné à prévenir les conséquences de la faillite dans ce qu'elles ont de préjudiciable aux intérêts de tous et particulièrement à ceux du débiteur honnête, victime d'événements imprévus.

Malheureusement j'ai eu le regret de voir que ces propositions n'offrent que des moyens insuffisants ou d'un emploi dangereux ; ce qui me confirme dans l'idée que j'indiquais en 1875, à savoir qu'en dehors des combinaisons du sursis, on cherchera en vain la solution de notre probléme.

Pourquoi le sursis doit-il être préféré ; sous quelle forme et dans quelles limites recevra-t-il son application? C'est ce qui sera expliqué ci-après.

III.

Commençons par voir comment est constitué le sursis de paiement sur le terrain où il fonctionne, et prenons-le, par exemple, en Belgique, pays dont la législation se rapproche de la nôtre sous bien des rapports.

Suivant l'analyse que j'en donnais, en 1875, le sursis est l'acte qui accorde au débiteur dont l'actif à réaliser dépasse le passif, un délai pour payer ses créanciers — l'article 593 du code belge dit « . . . —au commerçant qui, par suite d'événements extraordinaires et imprévus est contraint de cesser temporairement ses paiements... — » Le but de cet acte a été suffisamment indiqué; son effet est de suspendre la déclaration de faillite et ses conséquences légales. D'après un auteur belge le « surséant » se trouve dans un état mixte qui ressemble infiniment à la constitution d'un Conseil judiciaire; il est mis en surveillance sans perdre sa qualité civile. »

Cet effet a deux caractères: provisoire pour le sursis accordé par le Tribunal de commerce, définitif pour le sursis accordé par la Cour d'appel.

Pour obtenir un sursis le débiteur devra présenter sa requête simultanément au tribunal de commerce et à la Cour.

La requête au Tribunal contiendra :
1º L'exposé des motifs sur lesquels il fonde sa demande ;
2º L'état détaillé et estimatif de son actif et de son passif ;

3⁰ La liste nominative de ses créanciers avec l'indication de leur domicile et le montant de leurs créances — article 594 du code de commerce belge. — « Sur cette requête le Président fixera les jour, lieu et heure auxquels dans la quinzaine les créanciers seront convoqués... — » La mise en demeure sera effectuée par lettres recommandées huit jours au moins avant la réunion et par avis dans les journaux:

« Le Tribunal convoqué s'il y a lieu extraordinairement nommera un ou plusieurs experts qui procéderont à la vérification des affaires du débiteur et commettra un de ses juges pour surveiller les opérations... »

Enfin, le Tribunal pourra, soit immédiatement, soit dans le cours de l'instruction, accorder un sursis provisoire. Dans ce cas il nommera un ou plusieurs commissaires chargés de surveiller et de contrôler les opérations du débiteur pendant toute la durée du sursis... — article 593 du Code de commerce belge.

Ces premières précautions prises, les créanciers sont réunis. Le juge-commissaire fait son rapport, et les créanciers après avoir été entendus contradictoirement avec le débiteur, déclarent s'ils adhèrent ou s'ils n'adhèrent pas à la demande de ce dernier. Puis on dresse un procès-verbal auquel sont joints l'avis motivé du Tribunal et les piéces produites : C'est la fin de la première épreuve qu'a dû subir la demande de sursis.

La procédure suffisamment instruite va maintenant se présenter devant une autorité plus élevée. L'avis du Tribunal ainsi que toutes les pièces relatives à la demande sont transmis dans les trois jours au Procureur-général près la Cour d'appel du ressort, qui les soumettra avec ses conclusions, au premier Président ; celui-ci commettra un conseiller sur le rapport duquel la Cour statuera dans la huitaine de la réception des pièces. » Article 598.

« La Cour ne peut accorder le sursis, alors même que l'actif suffira pour couvrir le passif, que si la majorité des créanciers représentant par leurs créances les trois quarts de toutes les sommes dues, ont adhéré à la demande... » Art. 599.

Mais si la Cour accorde le sursis, elle a charge d'en fixer la durée, qui ne pourra dépasser douze mois en premier lieu et douze mois ensuite, plus six mois encore qui peuvent être accordés lorsqu'il y eu distribution de soixante pour cent de dividende dans les deux premières périodes indiquées.

La Cour doit aussi nommer un ou plusieurs commissaires chargés de surveiller les opérations du débiteur pendant toute la durée de la surséance.

Pour compléter l'ensemble des garanties réservées aux créanciers, la loi de 1851 a frappé de nullité «... les actes faits par le débiteur sans l'autorisation des commissaires surveillants dans le cas où cette autorisation est requise. » — Art. 613 § 2. — Elle a édicté des peines, d'abord contre le débiteur coupable d'avoir frauduleusement dissimulé une partie du passif ou exagéré l'actif ; d'avoir laissé prendre part au vote du sursis en vertu d'une ou plusieurs créances supposées ou exagérées ; en outre contre le créancier coupable de s'être prêté à ces manœuvres.

C'est là les objets des articles 611 et 612.

Enfin cette loi reconnaît aux créanciers et aux surveillants le droit de réclamer la suppression du sursis dans le cas, de la part du débiteur, de dol, de mauvaise foi, de paiements ou d'engagements de faveur, d'actes effectués sans l'autorisation des surveillants, et dans le cas où il apparaîtrait que l'actif n'offre plus de ressources suffisantes pour couvrir le passif.

Viennent ensuite les parties accessoires, telles que les formes à suivre, — les garanties à exiger du débiteur, des experts et des commissaires surveillants, — la limite du sursis, — les droits des créanciers privilégiés et hypothècaires, — le report de la faillite en cas de révocation du sursis et sur tout ce qui complète le système de garantie indispensable en pareille matière.

Le sursis, en un mot, est l'acte suspensif demandé au tribunal et à la cour. Le tribunal l'accordera de suite, mais uniquement à titre provisoire, s'il trouve que les suretés sont satisfaisantes. La juridiction supérieure pourra confirmer d'une manière définitive la décision des premiers juges, après avoir vu l'instruction faite par ceux-ci et l'opinion qu'ils ont émise, après avoir entendu le ministère public, après avoir constaté l'adhésion des majorités prépondérantes de la masse créancière.

S'il y a eu erreur en première instance.

Si le requérant est indigne de faveur.

Si les ressources doivent manquer pour couvrir entièrement le passif, le sursis pourra être révoqué. Ce sera le remède suprême aux dangers qui en seraient la suite.

Voila donc, si je m'en suis bien rendu compte, ce que c'est que le sursis de paiement selon la loi belge de 1851.

En présence d'une disposition offrant tant de ressources pour ménager l'insolvable ou pour le faire rentrer au besoin dans les conditions normales de la faillite, on se demande pourquoi nos voisins n'ont pas cherché de ce côté plutôt que dans le concordat préventif, les améliorations que nous poursuivons tous !

On dira peut être que la concession du sursis n'est qu'une forme déguisée de la déclaration de faillite, engageant le créancier sans beaucoup de garanties, dans une voie dont il ne peut guère sortir ; qu'elle ne donne aucune satisfaction à ce besoin si souvent indiqué de terminer par une transaction opérée en peu de temps et sans grands frais, une mauvaise affaire. Qu'au surplus, pour savoir si un débiteur mérite les faveurs du sursis, il faut aussi dresser ce bilan à bref délai que j'ai attaqué lorsqu'il s'agissait de l'arrangement judiciaire.

Il y a du vrai dans ces allégations, notamment dans la dernière ; car il est évident que les indications du bilan ne seront pas plus certaines pour la constitution du sursis que pour celle de l'arrangement judiciaire ; il pourra y avoir erreur dans l'un comme dans l'autre cas, seulement les conséquences en seront bien différentes. Dans le cas d'arrangement judiciaire, les créanciers auront passé une convention définitive, sur laquelle il ne pourront plus revenir ; — dans le cas de sursis ils auront fait un acte toujours révocable à la première apparence de déficit ou d'erreur. Condition rassurante et qui justement me fait croire que nous trouverons dans le système du sursis convenablement modifié, les résultats cherchés ailleurs ; au moins ceux que la matière comporte et qu'on peut raisonnablement demander.

Quelles seront les modifications à introduire à cette fin ?

Il y en a deux entre autres qui me semblent s'accorder assez avec les vues des auteurs des différents projets :

Il faudrait d'abord supprimer toutes les dispositions de la loi belge aux termes desquelles le sursis ne peut être accordé qu'au débiteur dont l'actif excède le passif et qui se trouve contraint de cesser ses paiements par suite d'événements extraordinaires. Cette concession devrait pouvoir profiter, sauf révocation possible dans les cas de déficit, d'erreur et autres précités, à tout débiteur apparamment malheureux. De plus, pour éviter les abus dont on s'est plaint, la concession ne devrait avoir qu'une durée assez courte, trois ou quatre mois en totalité, pendant ce délai les créanciers pourraient se procurer, si non des assurances positives sur le produit final d'une affaire soumise aux difficultés dont j'ai parlé, au moins des données permettant de savoir ce qu'ils peuvent en attendre. Ce temps écoulé, si l'arrangement n'a pas abouti, la déclaration de cessation de paiements ne sera-t-elle pas la meilleure mesure à prendre dans l'intérêt des créanciers.

Il y aurait aussi à changer dans le texte belge quelques articles relatifs aux formalités.

En somme, dira-t-on, la surséance dans ces conditions ressemblera fort à la tentative d'arrangement admise par certains codes. Assurément, mais ici la tentative sera facultative, conditionnelle, susceptible d'arrêt à toute époque, et pendant sa durée les opérations suivront leur cours de telle sorte que si la cessation de paiements vient à être déclarée, aucun droit ne puisse se trouver compromis, ni sacrifié : c'est dans ces vues que la loi devrait être rédigée.

Si quelque chose peut déterminer le commerçant à faire utilement l'aveu de ses embarras, peut opposer des obstacles aux arrangements clandestins, ce sera selon toute apparence, l'espoir d'obtenir sans peine ce moyen d'attente, d'examen, de conciliation que donne le sursis.

Le sursis devra aussi diminuer le nombre des clôtures pour insuffisance d'actif ; mais cet article réclame une observation spéciale : avant que la loi permît l'emploi de cette sorte d'expédient, les faillites, quand elles se trouvaient arrêtées faute de fonds, restaient en souffrance et indéfiniment inscrites au tableau. Pour parer aux inconvénients qui en résultaient, on a imaginé de faire constater l'impossibilité de continuer les opérations , et de replacer ensuite les créanciers dans l'exercice de leur droits individuels. Or cette mesure a eu pour effet de favoriser la classe de débiteurs la moins méritante. En effet, lorsqu'un négociant a dissipé toutes les valeurs que son exploitation lui avait mises en mains , au point de ne plus rien avoir au jour de la faillite, il devient impossible d'examiner le fond de sa situation , d'apurer les comptes, d'apprécier le caractère des affaires traitées , parce que tout cela ne peut se faire sans dépenses et que l'état ne fait avance que des premiers frais ; de sorte que ce failli à grande chance d'échapper à toute répression , tandis qu'à côté de lui , un autre commerçant , qui s'est arrêté plus tôt dans la voie de la ruine commune , verra scruter toute sa gestion pour être puni s'il a commis quelque faute, ne fut-ce qu'une de ces omissions d'écritures constituant un délit. A mon avis , la loi s'est montrée trop indulgente pour le commerçant absolument insolvable , elle devrait lui infliger les peines de la banqueroute simple : ce serait sans doute la meilleure manière d'arrêter l'accroissement des jugements de clôture dont on se plaint avec raison.

La législation actuelle me paraît mériter encore de sérieux reproches en ce qui concerne les reports de faillites. Aux termes de l'article 441 du Code de Commerce, le tribunal doit déterminer « soit d'office, soit sur poursuite de toute partie intéressée l'époque à laquelle a eu lieu la cessation de paiements. » M. Bédarrides dit à ce sujet, dans son traité sur les faillites et les banqueroutes, 1874 : « La faculté laissée au tribunal de faire remonter la faillite soit d'office, soit sur la demande d'un créancier est d'une exécution importante autant que difficile. Le droit est ici fort voisin de l'abus; et s'il est à désirer que toutes les fautes soient atteintes, il est aussi d'une bonne justice que de vaines tracasseries ne viennent pas compromettre des droits acquis de bonne foi à une époque où quelque fût au fond la position du failli, son état en apparence était au-dessus de tout soupçon.

« Remarquons que cette faculté est illimitée, l'ouverture de la faillite peut être reportée à plusieurs années du jugement déclaratif. Une infinité de transactions peuvent tout-à-coup être menacées. On comprend dès lors avec quelle prudence doivent agir les tribunaux. »

Quelques précautions que prennent les tribunaux, il ne leur sera pas toujours possible de bien saisir et constater cette apparence au-dessus de tout soupçon dont parle le savant commentateur. Un industriel aura pu marcher pendant longtemps avec l'aide de ses fournisseurs, faisant tantôt des bénéfices, tantôt des pertes, son crédit était plus que douteux : à la fin il succombe ! A quelle époque fera-t-on remonter l'ouverture de sa faillite? Ce sera d'autant plus difficile à décider équitablement que les faits suspectés s'éloigneront davantage du jour de la déclaration de faillite.

Une autre fois un arrangement amiable aura été conclu, et parce que l'acte confirmatif sera irrégulier ou qu'il n'aura pu être produit, parce que des créances infimes par rapport au passif auront été négligées ou omises, parce que les dividendes auront été inégalement répartis, l'ouverture de la faillite devra remonter à cinq ou six ans avant l'époque de la déclaration; confondant les droits des créanciers anciens et des créanciers nouveaux, obligeant les premiers à rapporter des sommes considérées comme

acquises depuis longtemps, et même à en payer les intérêts au taux légal de six pour cent l'an.

On voit à quelles conséquences peut conduire cette
faculté, sans limites précises de faire remonter l'ouverture
des faillites, à laquelle les tribunaux sont parfois obligés
d'obéir.

Que devient devant de pareilles menaces la sécurité
du commerçant? Doit-il rester pendant de longues années
en proie à une incertitude inquiétante sur le sort de ses
affaires passées, sur l'exactitude de ses inventaires?

De courtes prescriptions ont été admises en ce qui
concerne les effets de commerce, mais en ce qui concerne
la date effective des faillites, nous en sommes toujours au
régime de 1838.

Il est impossible que cet état de choses se perpétue, et
que l'on n'en vienne pas prochainement à fixer un terme
aux reports des faillites. Le code portugais place ce terme
à quarante jours de la déclaration de faillite. Le code belge
le porte à six mois. En raison des circonstances dans
lesquelles se manifeste ordinairement l'insolvabilité, je
crois que ces deux limites sont trop courtes et que chez
nous il faudrait en reculer le terme extrême à un an de
la demande de sursis et aussi à un an de la déclaration de
faillite ou de cessation de paiements, si cette nouvelle
appellation devait prévaloir.

Une amélioration qui me paraît également s'imposer
maintenant, c'est l'abréviation des délais des distances
pour tout ce qui regarde les actes des faillites. On ne
comprend pas que depuis l'établissement des communica-
tions rapides au moyen de la vapeur et de l'électricité,
on en soit encore à calculer beaucoup de ces délais suivant
des prescriptions qui datent de 1838 ou des premières années
du siècle. Il y a là une réforme à opérer, non-seulement

par rapport à la procédure commerciale , mais par rapport
à toute espèce de procédure, et qu'on ne saurait trop
recommander à l'attention des pouvoirs publics.

En terminant, qu'il me soit permis de le dire, comme
il a été dit ailleurs déjà, notre législation de faillite n'est
pas aussi défectueuse qu'on s'est plu à le proclamer dans
ces derniers temps. Celles de ces parties qui ont motivé
de justes critiques peuvent recevoir toutes les réformes
désirables en l'état présent de notre organisation commerciale, et j'ai l'espoir d'en avoir désigné quelques-unes
en parlant des sursis, des clôtures de faillites pour insuffisance d'actif, des reports de faillites et des délais de dis-
tance. A la vérité cette législation exige une action
intelligenteet soutenue de la part de ses principaux agents.
Selon M. Humblet « le contrôle incessant exercé par le
Juge-Commissaire est, avec le choix d'un bon curateur,
le plus sûr garant que la faillite sera bien gérée et rapide-
ment liquidée. » Rien n'est plus exact, assurément, que
le syndic satisfasse à toutes les exigences de sa laborieuse
mission, et il faut, pour la bien remplir de nombreuses
qualités, lesquelles doivent comprendre une grande habi-
tude des affaires et du contentieux commmercial. Le
législateur ne s'était pas assez rendu compte de ces
nécessités lorsqu'il avait présumé que les syndics
pourraient souvent se prendre parmi les créanciers des
faillites.

Que le Juge-Commissaire en restant dans les limites
de ses attributions, apporte au syndic nn concours efficace
et l'appui moral d'une sérieuse surveillance. Ses fonctions
lui confèrent d'importants pouvoirs, elles l'appellent
quelquefois à statuer seul et sans recours; dès lors elles
réclament de ce magistrat une attention prudente et la

connaissance complète de tout ce qui concerne les faillites; car on ne saurait admettre, comme je l'ai entendu quelque part, que le Juge-Commissaire absorbé par ses affaires personnelles et manquant parfois des connaissances pratiques nécessaires, ne peut surveiller suffisamment les opérations du syndic.

Si le commissaire devait ainsi manquer aux obligations de son mandat, s'il ne devait être qu'une autorité chargée de couvrir la responsabilité du syndic. on devrait se hâter de le supprimer. Mais je pense que cela est loin de la vérité, et que le Juge-Commissaire apporte dans l'accomplissement de ses devoirs toute l'intelligence, tout le savoir et le dévouement voulus: c'est là un rôle difficile, sans éclat, mais extrêmement utile et honorable, aussi voudrais-je le voir toujours confié aux membres des Tribunaux les plus expérimentés.

Enfin, que l'action du Juge-Commissaire ainsi que celle du syndic s'exercent conformément au texte et à l'esprit de notre législation de 1838, amendée comme nous l'avons vu dans les pages précédentes, et les plaintes, si elles persistent, s'adresseront moins au régime légal qu'à la force des choses, qui fera toujours de la faillite une mauvaise affaire.

La chambre de commerce de Lille a déclaré, dans sa séance du 4 mai 1881, donner son adhésion pleine et entière à ce mémoire.